MON . DE VUE

UN LIVRET QUIZZ AMUSANT AVEC UN MESSAGE DE PAIX

AUGUSTO SILVA

MON . DE VUE

Mon . DE VUE a été conçu pour vous aider à voir, à accepter et à apprendre à être tolerant et à respecter les points de vue des autres. C'est habituellement le cas quand vous finissez de remplir les blancs.

Le livre est amusant pour jeunes et moins jeunes, stimule le cerveau et l'imagination, renforce la tolérance des points de vue des autres, et enfin, les chances de paix.

À travers ce livre, j'espère transmettre un message de paix aux quatre coins du monde (surtout à ceux affectés par la guerre). Ensemble, contribuons à rétablir la paix, l'amour et la stabilité dans l'intérêt de nos enfants dans le monde entier.

« Cocorico ». Le _____ chante. C'est l'heure de se réveiller.

Le _____ mange pendant que l'____s'envole.

« Ahrrff ». Un _____ féroce suit une piste par l'odorat dans la forêt.

Cette _____ donne abri à un escargot en une

après-midi venteuse. Peux-tu trouver l'escargot?

Un _____ s'envole de l'arbre.

Devinez combien de _____ondulent sous le soleil chaud.

J'adore respirer le parfum des ____ qui

poussent dans un champ.

« Groin-groin ». Ce _____ aime frotter son derrière

contre un tronc d'arbre.

Un _____ joue avec deux _____.

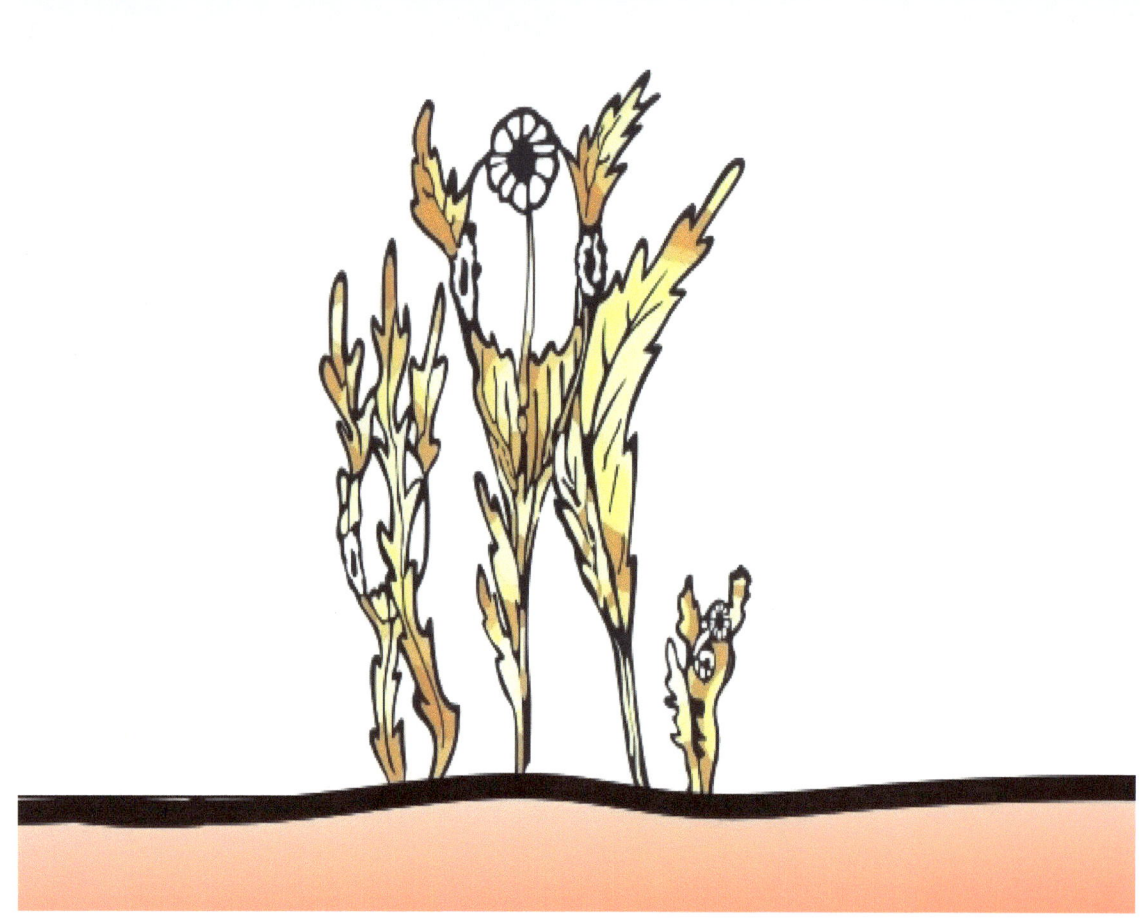

Ces _____ poussent en terrain sec.

Une _____ qui se gratte le cou.

Les _____ se reposent au zoo.

Un _____ descend en flèche d'un arbre pour s'abattre sur un rat.

« Coin-coin ». Une mouche regarde les ＿＿＿ jouer dans l'eau.

Je suis un ___ . J'habite au nord où il fait
toujours froid et il neige.

Le _____ s'apprête à sauter de l'arbre.

Je suis un grand _____ ; je peux atteindre la nourriture avec ma longue trompe.

Un ___ est assis sur la branche de cet arbre.

Le _____ se repose à l'ombre des feuillages.

Voici le visage d'un _____.

Un trou d'arbre est la nouvelle maison d'une

famille de _____ .

Le ___ est considéré comme l'animal le plus rapide des plaines africaines.

Je peux voir les longues cornes des ___ qui traversent la rivière.

Cet ___ tient ses petits bien au chaud dans le nid.

Les ___ s'amusent dans l'étang glacé.

Trois ____ sont en train de nager, et l'un d'eux te regarde.

Cette _____ s'apprête à manger cette mouche.

Les feuilles d'automne tombent sur l'_____

au zoo.

Un _____ court vers nous.

« Groin-groin ». Ce petit ___ court très vite.

Je suis un ___, et j'adore grimper et me
balancer librement dans les arbres.

Ces ___ jouent à des jeux violents.

MON . DE VUE

PAGE	RÉPONSE	PAGE	RÉPONSE
3	coq	19	éléphant
4	taureau, abeille	20	koala
5	Tigre	21	zèbre
6	Plante	22	lion
7	Oiseau	23	renards
8	4 serpents	24	guépard
9	roses	25	antilopes
10	cochon	26	oiseau
11	Cheval, oiseaux	27	oies
12	marguerites	28	poissons
13	girafe	29	grenouille
14	lions de mer	30	ours polaire
15	Hibou	31	lion
16	Canards	32	porcelet
17	Yak	33	singe
18	Chat	34	pumas

MON . DE VUE

Au cas où vous ne l'avez pas remarqué, les images de ce livre ont été tournées de 180 degrés pour donner des images complètement différentes et des POINTS DE VUE différents.

Je vous remercie de bien vouloir partager ce message de paix avec vos amis et ennemis pour construire un meilleur monde plus gentil.

Augusto Silva

riachuelano@hotmail.com

MON . DE VUE

UN LIVRET QUIZZ AMUSANT AVEC UN MESSAGE DE PAIX

AUGUSTO SILVA

www.ingramcontent.com/pod-product-compliance
Lightning Source LLC
Chambersburg PA
CBHW060839290526
45792CB00006BB/1989